A PROPOS

DU GOUVERNEMENT

EN FRANCE

PARIS

21, RUE DU TEMPLE, 21

—

1872

A PROPOS

DU GOUVERNEMENT

EN FRANCE

PARIS

21, RUE DU TEMPLE, 21

—

1872

Paris, le 25 Février 1872.

Voici quelques pages écrites par un Français aimant la France, et ayant prouvé, plus d'une fois, en quelque sorte à ses dépens, qu'il tenait à la bien servir. J'espère que nul ne se trompera sur son compte, et qu'on mettra de la bonne volonté à le seconder. S'il en était autrement encore, cette publication, d'une périodicité irrégulière, ne serait pas continuée. Il y avait peut-être autrefois quelque agrément à prêcher dans le désert ; aujourd'hui, c'est tout à fait dépourvu d'attrait.

J'ai annoncé, dans la dernière brochure, que j'intitulerais celle-ci : Du Gouvernement. J'usais d'une autorisation ancienne ; j'en usais mal : ce titre ne convient pas à une esquisse rapide ; j'en choisis un autre.

Le succès modéré, mais réel de la Souscription nationale pour la délivrance du territoire français me persuade que ce que mon correspondant a écrit sur l'impôt serait goûté, quoique ne ressemblant à aucune théorie connue, à aucun empirisme pratiqué.

Deux mots sur un côté des mœurs actuelles. Il est bien triste de voir que le patriotisme, *qui serait* logique *en France*, y est plus faible que dans des pays où on ne pourrait pas lui donner cette qualification en toute assurance. Il est encore plus triste de voir que chez nous, *où* tout le monde *est plus ou moins à plaindre*, on ne peut se faire écouter qu'en disant du mal de quelqu'un.

Voyons, changeons donc un peu cela !

Héloïse de LA TOUR.

La question du Gouvernement en France sera probablement résolue par la force, puisque la discussion qui la concerne reste vaine et détestable. Les Chinois, qui ont fait tant de choses ridicules, pourraient se moquer de ce qui se passe dans la patrie de l'esprit et du bon vin : tout le monde y est complice du malaise dont tout le monde se plaint. Le mot ridicule est faible pour qualifier cela.

Parmi nous, les uns veulent voir clair en fermant les yeux, les autres, en feuilletant des paperasses, ce qui est encore plus inconséquent. Nous vivons dans un temps et dans un pays absolument exceptionnels, et nos gens les plus instruits, les plus écoutés mettent encore l'analogie à toutes les sauces. Le troupeau s'impatientera ; il sentira d'instinct que les prétentions de tels et tels sont en raison inverse de leur mérite, et, dame !... Devinez le reste.

J'ai un préjugé, une faiblesse : je n'aime pas la violence, même quand elle paraît plus expéditive que tout autre procédé. Elle est restée dans les coulisses, prête à rentrer en scène. Il y a des jours, des nuits plutôt, — je dors peu, — où il me semble qu'elle se prépare à lever le bras. — Pan ! sortez donc de cette ornière !

Le progrès veut faire un pas ; il a à sa disposition, comme toujours, deux moyens : la persuasion et la contrainte. Il n'est ni sentimental ni pusillanime. Il a la sécheresse et l'inflexibilité d'une règle générale. Il emploiera le moyen le plus simple, le plus facile à appliquer. J'ignore s'il restera encore longtemps in-décis ; mais je gagerais que les melons ne mûriront pas deux fois d'ici au jour où la balance penchera définitivement à droite ou à gauche.

Nous avons en ce moment le Gouvernement qui nous convient. Il en est toujours ainsi, n'en déplaise à ceux dont les critiques signifient que l'Auteur de toutes choses devrait venir à l'école chez eux.

— Mais ils ne croient pas en Dieu !

— Autre niaiserie. La réalité, qui attend depuis des siècles qu'on la consulte, pour la première fois, enseigne Son existence, Son caractère, Ses intentions, etc.

— S'ils croient à Son existence, ils n'admettent pas qu'Il s'occupe de nos affaires.

— Autre sottise. Car nous sommes les instruments de ce qu'Il souhaite le plus, et Son intérêt est conforme au nôtre.

Nous aurons, un peu plus tard, le Gouvernement qui nous conviendra, quand même les utopistes de la routine s'uniraient à ceux de la folie pour mettre des bâtons dans ses roues.

Deux étourneaux déplumés se disputaient l'honneur d'arrêter une locomotive. Le plus malin des deux prit la parole en ces termes :

— L'union fait la force.....

Mais, au fait, vous connaissez tous cette fable-là.

Il ne sera pas définitif le Gouvernement que nous aurons, quand même, un peu plus tard : les éléments d'un Gouvernement définitif nous feront défaut tant que nous ne serons pas indépendants et éclairés.

Nous avons plus à faire qu'on ne croit, pour être indépendants. Nous avons tout à apprendre, pour être éclairés.

Mais nous avons droit à ces deux choses : elles se réaliseront donc.

Le Provisoire qui succédera à celui d'aujourd'hui aura plus de durée que celui-ci ; il faudra bien dix ans pour mettre la France à l'abri de tous les Cosaques présents et futurs, de l'ordre physique et de l'ordre moral.

A un point de vue un peu élevé, n'ayant, par conséquent, rien de commun avec celui du vulgaire, il y a donc, d'une part, des illusions à perdre, et, d'autre part, des espérances à concevoir, espérances bien supérieures aux susdites illusions.

Ne dites donc pas que je suis un alarmiste.

La philosophie, dans toutes ses variétés, n'est pas du tout une science ; c'est une aveugle, qui mendie ; elle ne sait rien d'exact sur la destinée humaine ; elle n'entrevoit ni le But par excellence, ni les bons moyens de l'atteindre ; la logique est hors de sa portée. J'ai prouvé ailleurs ce que j'affirme ici.

La politique, enfant naturel de la philosophie, n'est pas du tout un art scientifique ; elle a mauvais instincts et mauvaise éducation ; elle n'est dévouée qu'au Malaise.

Dis-moi combien ta mère a de pattes, et je te dirai si tu es bipède ou quadrupède.

La mère nous endort et nous trompe avec ses complaintes ; la fille nous prépare des réveils affreux.

La France a-t-elle encore besoin de ce pavot et de cette épine ? Je ne le crois pas. Il me semble qu'il y a assez d'engrais au pied de l'arbre dont les fruits doivent nourrir notre puissance. Et je suis sûr qu'en tout cas les services de cette famille peu respectable peuvent nuire à notre convalescence.

Une science existe, qui enfantera un art de bon aloi, spécial au gouvernement des peuples. Je pourrais parler plus longuement de l'une et de l'autre ; mais ce n'est pas ici le lieu.

Quand ces nouveautés auront eu du succès ; quand elles auront sarclé, déraciné beaucoup de mauvaises herbes, les attributions de l'État seront aussi simples qu'invariables, et le Public aura des gouvernants auxquels il accordera une confiance, qu'ils justifieront. La conscience, — qu'on confond avec la mémoire, et qui n'est presque pour rien dans les actes, même de ceux qui se vantent d'avoir accaparé l'honêteté, — deviendra une boussole à la mode.

Libre à vous de croire que je rêve.ou que je dis des mensonges. Libre à moi de penser que vous êtes en proie à un cauchemar.

Les partis politiques travaillent à se discréditer. C'est très-bien! Mais, avec tous leurs efforts, toutes leurs contorsions, ils n'y parviennent que trop lentement.

Ce spectacle n'est pas beau, et il coûte très-cher. N'est-ce pas vrai?

Avons-nous vu assez de laideurs et subi assez de pertes? Si, oui, — et puisque je donne une poussée, pour précipiter le dénoûment, — il conviendrait de faire circuler ce que j'écris. Il faut bien que je dise cela, puisque personne ne le comprend. Les habitudes des journalistes s'opposent à ce qu'ils parlent de mes écrits, même pour les dénigrer; celles des libraires ne sont pas propres à leur donner du zèle, dans cette circonstance.

Qui que vous soyez, et pourvu que mon langage vous paraisse sérieux, mettez donc, s'il vous plaît, la main à cette œuvre!

Je n'ai qu'un mince intérêt dans tout cela, et il ne manque presque plus rien pour que je renonce.

Je n'aimerais pas à contrarier M. Thiers, ni ses collaborateurs ; je ne méconnais pas les services qu'ils ont rendus en avisant comment ils l'ont fait, et c'est, en partie, dans l'intention de rendre leur tâche moins ingrate que j'ai écrit ce qui a paru avec ces titres : Sur la politique, — Le Temps, — Gouvernants et gouvernés.

Mais je ne parle pas pour ne rien dire ; il y a un quart de siècle que j'ai rompu avec cette tradition, toujours en vogue, partout où il y a des tribunes, du papier et de l'encre.

Eh bien! je vois que ces Messieurs du Gouvernement actuel n'ont pas idée de certains besoins ni de certaines ressources de la France, — besoins et ressources exceptionnels, nouveaux, très-dignes de la plus grande attention. Je m'en expliquerai en traitant de l'impôt.

Il ne se peut pas qu'il n'y ait pas un ou plusieurs Français capables de prendre l'initiative d'un développement *suffisant* de notre puissance morale ou de notre force matérielle ; cela ne se peut pas. Je ne connais ni leur nom ni leur âge. Je ne me considère pas comme étant de leur nombre, attendu que je n'accepterai jamais, — par un motif péremptoire, — aucune fonction publique.

Quand il le faudra, ces hommes remarqueront, comprendront, constateront que nos embarras viennent principalement de quelques malentendus. Ils trancheront, de façon ou d'autre, — car il se peut qu'on se méprenne sur leur valeur, — le nœud qui se trouve dans le fil de notre histoire à cette époque-ci.

Ils chercheront à savoir, entre autres choses, s'il est logique que nous renoncions à tout usage des armes, ou si, au contraire, nous devons nous livrer, plus que jamais, à ce genre d'exercice. Ayant trouvé ce qu'ils cherchaient, ils s'associeront à la logique, qui les fera triompher de toutes les résistances. Pourquoi des résistances? Parce que ce sont elles qui engendrent ou qui fortifient l'énergie, et que l'énergie leur sera nécessaire. Tout a une raison d'être, et quand j'ai l'air de mépriser des choses ou des hommes, je me montre sous une apparence trompeuse; mon goût n'y est pour rien, je vous prie de le croire.

Pendant que ce que je viens d'annoncer aura lieu, les partisans de la politique, ceux qui raisonnent par analogie, ceux qui veulent voir clair en [fermant les yeux, les ouvriront pour voir que leurs espérances et toutes leurs croyances, — surtout celles qui ont rapport à la France, — étaient fondées sur des brouillards. Mieux vaudraient des châteaux en Espagne, quoique l'Espagne..... Mais il ne doit s'agir ici que de la France.

Dans ma dernière composition[1], j'ai cité ce qu'un de mes amis avait publié en, 1868, sur les causes et les effets de ce qui s'est passé, en France, depuis lors. Je lui emprunte encore ce qui suit :

Paris, 1er Avril 1871.

. . . .
. . . .
. . . .
. . . .

« Nous avons été battus par les Prussiens ; mais ce qui nous est arrivé peut tourner à notre profit. Je n'y vois même pas grand obstacle. Il y a plus : je suis sûr que notre pays, loin d'exciter la pitié, dans l'avenir, excitera l'envie, — une envie de bon aloi, d'émulation.

« Mais il faut que nous soyons assez braves pour secouer le joug de certains préjugés, ou que nous déployions du courage, dans l'acception ordinaire du mot. Notre « héroïsme » dans la guerre contre la Prusse a été surfait. Nous risquions volontiers notre vie, mais c'est parce que nous ne tenions pas beaucoup à elle : nous n'avons pas fait volontairement de sacrifices très-pénibles. Je suis resté à Paris, sans y être forcé ; je me suis engagé volontairement dans les compagnies de marche de la garde nationale : j'ai donc vu et éprouvé ce dont je parle. J'ai, pour ainsi dire,

---

(1) Intitulée : PLUS ON EST DE FOUS, MOINS ON RIT.

recherché la mort, un jour ; mais je me suis souvent plaint du froid, des privations, et l'égoïsme s'emparait de moi de plus en plus. J'admettrai, si vous le voulez, qu'en cela j'ai fait exception ; mais ce sera pure complaisance de ma part.

« Nous avons été battus ; les Prussiens ont triomphé ; mais que perdrions-nous, et que gagneraient-ils à cette fameuse réussite, si, leur laissant tout le « prestige » de leurs victoires, nous devenions exclusivement pacifiques et *définitivement*? Il me semble que nous serions déchargés d'un lourd fardeau, qui leur incomberait. Nous ne servirions le Progrès général que par la persuasion ; ils auraient à faire les besognes de la contrainte. Nous serions instituteurs ; ils seraient policiers.

« Si vous vouliez m'en croire, nous offririons à ces aimables messieurs, en échange de la Lorraine, *tous* les engins de guerre que nous possédons encore. Bientôt, la Suisse française et la Belgique demanderaient à s'unir à nous, et tout serait pour le mieux.

« Mais vous n'entendrez pas de cette oreille-là. Vous imaginerez tels et tels soi-disant dangers, qui résulteraient pour nous de ce désarmement absolu. Et puis, vous avez encore l'humeur très batailleuse. Enfin, ne comprenant qu'à demi ce que je viens de vous exposer, vous conserverez votre rancune envers la Prusse.

« Soit !

« Mais que faites-vous donc tous, en ce moment?

« Je vous le demande, car je n'y comprends rien du tout.

. . . .

. . . .

. . . .

« E. J. »

Oui, nous sommes *tenus* de renoncer à la barbarie, à ses pompes et à ses œuvres, ou de nous servir d'elle tant et si bien qu'elle en crève. Les autres alternatives sont des expédients qui ne nous conduiraient qu'à une impasse, et c'est une grande route qu'il nous faut prendre.

Je n'ai pas besoin de dire que mes sympathies sont pour la première des deux seules alternatives qui existent, — puisque je n'aime la violence sous aucune de ses formes.

Je ne pourrais rien dire de plus sans me répéter, et, cependant, je sens qu'on me fera des observations, des objections comme celle qui se trouve à la fin du petit dialogue suivant :

— La rue de la Paix, s'il vous plaît ?

— C'est la première à droite.

— Bien ; mais vous ne vous penchez pas, puisque je la croyais à gauche.

Relisez-moi trois fois, s'il le faut ; vous n'y perdrez rien ; vous y gagnerez peut-être ; vous y gagnerez certainement si vous êtes un disciple de Brid'oison.

Sur ce, je vous salue très-honorablement pour vous et pour moi, à la seule condition que vous soyez Français, et que votre patriotisme n'ait pas été éteint par ceux qui parlent pour ne rien dire.

DALMANCE.

17954 Paris. — Imp. Renou et Maulde, rue de Rivoli, 144.

EN VENTE

UNE LETTRE SÉRIEUSE (Août 1870).

SUR LA POLITIQUE (Juillet 1871).

LE TEMPS (Juillet 1871).

GOUVERNANTS ET GOUVERNÉS (Août 1871).

PLUS ON EST DE FOUS, MOINS ON RIT (Novembre 1871).

Pour paraître successivement :

DE L'IMPOT.

LE TRAVAIL et L'ARGENT.

TOUT M'ÉTONNE.

LES CONVENANCES.

FANTAISIE.

EN VOYAGE.

LE SIÉGE DE PARIS.

SANS TITRE.

LOGIQUE et CONTRADICTION.

NAPOLÉON III et Henri de ROCHEFORT.

LA RÉPUBLIQUE.

LES BOURBONS.

LES LÉPREUX DE LA VALLÉE D'UTOPIE.

PARIS — IMPRIMERIE RENOU ET MAULDE

144, rue de Rivoli, 144.